STEPHAN SIGG • ANNA-KATHARINA STAHL

Dein Advent STEHT KOPF

camino.
gemeinsam auf dem Weg

STEPHAN SIGG · ANNA-KATHARINA STAHL

Dein Advent STEHT KOPF

24

SUPERSCHRÄGE WARTEZEITVERKÜRZER

für

- QUERDENKER
- Gehirnakrobaten
- Weitblicker
- Tieftaucher &
- SOFAHELDEN

camino.

VORWORT

Lieber Querkopf,

was hältst du von Experimenten? Probierst du gerne etwas Neues aus? Dieser besondere Adventskalender enthält eine Menge für dich bereit: Advent ist viel mehr als dichtgedrängt auf dem Weihnachtsmarkt stehen, den Bauch mit Zimtsternen vollschlagen und an Heiligabend beim „Stille Nacht" keinen Ton treffen …

Mach diesen Adventskalender zu deinem ganz persönlichen Adventsbegleiter: Du kannst hineinschreiben, malen, schneiden, reißen, kleben, verzieren, kritzeln, streichen, falten … An jedem Tag wartet eine Aktion auf dich. Nimm dir an jedem Adventsmorgen oder Adventsabend – vielleicht mit einer Tasse Tee? – kurz Zeit und

tauch' tief ein in die verschiedenen Advents-
geheimnisse.

Schnapp dir deine Lieblingsstifte und leg los!

Wir wünschen dir viele spannende Entdeckungen ... stell den Advent auf den Kopf und erlebe diese besondere Zeit mal von einer ganz anderen Seite!

Stephan Sigg

GEBRAUCHSANWEISUNG

ACHTUNG: vorblättern ist nicht erlaubt! Warte geduldig ab, bis der jeweilige Tag an der Reihe ist ...

DU SCHAFFST DAS!

Advent ist …

… DIE ZEIT DES WARTENS

… DIE VORBEREITUNG AUF WEIHNACHTEN

… für manche: „HEKTIK PUR!"

… und für andere:
„KITSCH UND ROMANTIK"

… eigentlich noch immer:
„24 BESONDERE TAGE IM JAHR"

… „COUNTDOWN FÜR JESU GEBURT"
UND „ANKUNFT VON GOTT
AUF DER WELT"

… ADVENT IST
… was du draus machst!

1 Dezember

Wie und was soll die Adventszeit für dich sein?

Das nehme ich mir für diesen Dezember vor

MEINE TO-DO-LISTE

Was darf diesen Advent auf keinen Fall fehlen?
Kreuze die 5 wichtigsten Beispiele an:

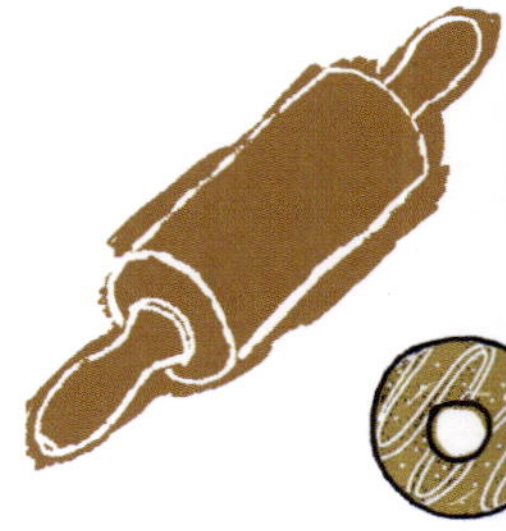

- ☐ mit meiner Familie Plätzchen backen
- ☐ Weihnachtskarten schreiben
- ☐ die Weihnachtsgeschichte in der Bibel nachlesen
- ☐ Weihnachtssongs auf YouTube anhören

- ☐ möglichst viele Menschen glücklich machen
- ☐ mich vor Stress schützen

- ☐ mit meinen besten Freunden einen Weihnachtsmarkt besuchen
- ☐ mein Zimmer weihnachtlich dekorieren

- ☐ Christstollen essen
- ☐ einen Weihnachtsfilm anschauen
- ☐ mir Gedanken machen: Was schenkt mir Hoffnung?

Dir fallen noch weitere Dinge ein? Schreib sie auf!

---

* TIPP: Häng die Liste irgendwo in deinem Zimmer auf und hake jeweils ab oder mache einen Strich, wenn du etwas aus dieser Liste gemacht hast.

Wünsche deinen Leuten einen guten Start in die Adventszeit. Hier findest du ein paar Textvorlagen. Wähle eine aus und gib sie in dein Smartphone ein …

Zum Start in den Advent wünsche ich Dir:
Lass Dich von niemand hetzen,
stressen, unter Druck setzen,
lass Dich von nichts aus der Ruhe bringen!

MEIN TIPP: Nimm Dir jeden Tag eine kleine Auszeit, geniess eine Tasse Punsch, ein paar Plätzchen und denk an etwas Schönes.

Diese Nachricht ist ein Gutschein:
Du kannst ihn einlösen, wenn bei Dir im Advent mal alles drunter und drüber geht. Einfach bei mir melden, und ich bin für Dich da!

Schon bereit für den Advent?
Was wünschst du den Menschen auf der Welt?
Hilf mir mit, eine total lange Liste zu erstellen:

Ich wünsche dir ganz viel:
Und keine:
Wollen wir mal zusammen:

*sich vor dem einschlafen auf WhatsApp miteinander unterhalten

*SHOPPING-NACHMITTAG

*LACHEN BIS EINEM DER BAUCH WEH TUT

2

Dezember

MARIA UND JOSEF

Die Bibel erzählt: Maria und Josef machen sich auf den Weg nach Betlehem. Es ist eine beschwerliche Reise. Maria ist hochschwanger. Tagelang sind sie unterwegs.

Aber Maria hat Josef, und Josef hat Maria. Sie vertrauen einander und wissen: „Egal, was auch passiert und wie anstrengend und gefährlich die Reise noch wird, wir sind gemeinsam unterwegs, wir können uns aufeinander verlassen. Wir machen uns gegenseitig Hoffnung. Zu zweit fühlt es sich weniger schwer an."

Welche Menschen in deinem Leben sind dir besonders wichtig? Auf wen kannst du immer bauen?

Was macht zu zweit viel mehr Spaß als alleine? Worauf möchtest du mit deinen besten Freunden nicht verzichten? Welche Herausforderungen habt ihr schon miteinander bewältigt? Advent ist die Gelegenheit, um Danke zu sagen: Wofür bist du deinen Freunden dankbar? Schreib alle Beispiele, die dir einfallen in die 2 hinein.

WUNSCHZETTEL?

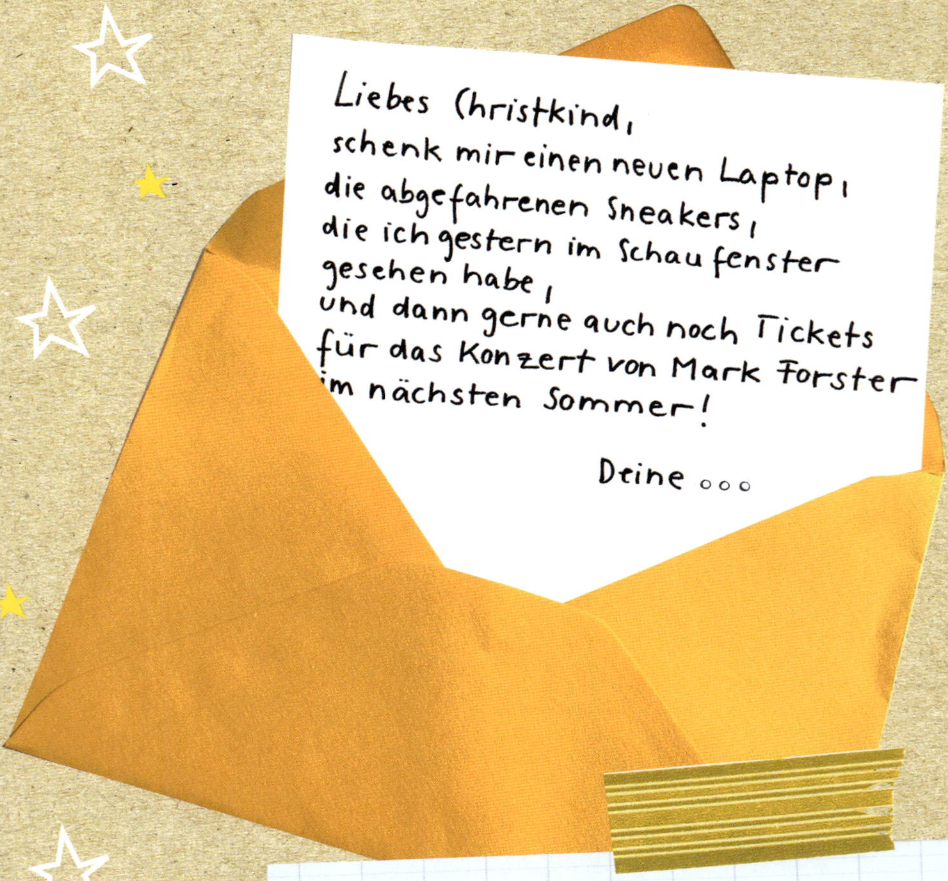

Ach, wäre das schön, wenn man alle seine Wünsche aufschreiben und ans Christkind schicken könnte. Und an Weihnachten gehen sie dann in Erfüllung. „Ist doch nur Kinderkram!", sagen viele Jugendliche und Erwachsene. Bringt doch eh nichts! Doch auch wenn man kein Kind mehr ist, kann man sich im Advent die Frage stellen: Was wünsche ich mir? Wovon träume ich?

DIR FALLEN AUF DIE SCHNELLE NICHT VIELE BEISPIELE EIN? Hier ein paar Ideen.

Bitte nummeriere von 1 bis 10: Welche Dinge davon wünschst du dir besonders (1) und welche gar nicht (10)

- dass ich morgens immer einen freien Sitzplatz in der S-Bahn habe
- dass die Todesstrafe endlich überall auf der Welt abgeschafft wird!
- dass niemand alleine Weihnachten feiern muss
- dass das nächste Jahr für alle ganz viel Glück bereit hält
- dass an Weihnachten sich viele Menschen versöhnen, die schon lange kein Wort mehr miteinander gewechselt haben
- dass im TV öfter Menschen zu Wort kommen, die von den Politikern ignoriert werden
- dass ein Forscher das Rezept gegen Jugendarbeitslosigkeit findet
- dass unsere Stadt wieder grüner wird: weniger Beton, mehr Wiesen und Gärten!
- dass ich endlich besser mit dem Stress klarkomme: relaxt sein anstatt Panik!
- dass die Chats respektvoller sind und die Leute nicht mehr so schnell aggro werden

3. Dezember

GESTALTE DEINE GANZ PERSÖNLICHE KERZE:

Wähle je ein Beispiel aus den Mustervorschlägen und den Textvorschlägen aus!

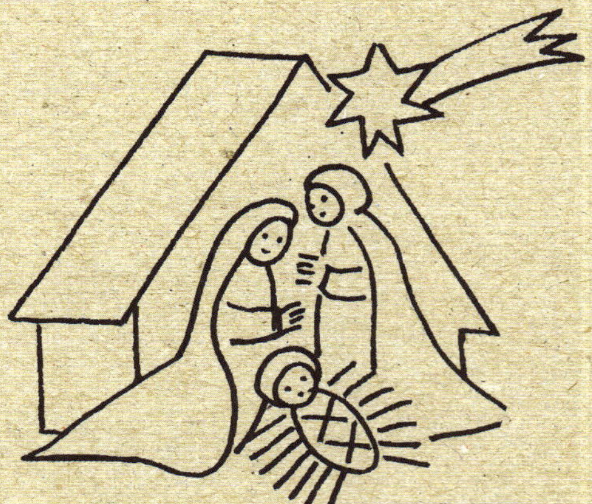

Lichtvoller ADVENT

JEDEN TAG neue Hoffnung * entdecken

DIE KERZE für neue LICHTBLITZE

AUF · DER SUCHE NACH Licht

fün

ter

Dezember...

WOHIN?

Maria und Josef sind unterwegs.
Wann werden sie Betlehem erreichen?
Noch liegt ein weiter Weg vor ihnen …

Auf welchen Straßen möchtest du unterwegs sein?
Zeichne deinen Weg und verbinde alle Straßenschilder, die du auf keinen Fall verpassen möchtest.

ICH WILL EINE BRÜCKE ZWISCHEN **JUNG UND ALT** BAUEN

IMMER-**AUSSER-ATEM**-STRASSE

AUF FREMDE ZUGEHEN-STRASSE

KEINE VORURTEILE-BRÜCKE

AUFS **HERZ** HÖREN-PLATZ

Straße-der-
TRÄUME
Ich geb anderen eine
NEUE CHANCE-GASSE
Park des
LÄCHELNS
MIR ÖFTER MAL
ZEIT
NEHMEN FÜR ETWAS,
DAS ICH GERNE
MACHE-WEG
KEINE SEKUNDE
verlieren-Straße
HUMOR-SEE
RAUS IN DIE
NATUR-
GASSE
EGO-WEG
ZIEL
betlehem

6.

Lieber Querdenk

erwischt, schon wied

Ich habe mir lange übe

noch genau erinnern: L

doch gleichzeitig vor m

„Bloss keinen Blackou

Erinnerst du dich noc

als ich dieses dicke Bu

Lange her! Heute finde

siehst, würdest du m

der Stab, der Sack – all

dem fetten Typ aus d

Mich hat es wirklich

heute noch kennen, an

meisten ein, wenn si

Ja, eben: Schokolad

Schokolade, sonde

was ich wirklich möch

auch Freude weitergeb

das das letzte Mal

die sich als mich aus

und welche Sprüche

Wem, wo und wie kö

sogar zum Lachen b

st du mich ausgelacht und Grimassen geschnitten!
, wie ich dir das mitteilen soll. Ich kann mich nämlich
hast du dich früher auf mich gefreut und dich
fürchtet! Tagelang hast du den Text auswendig gelernt:
h habe gehört, wie deine Stimme gezittert hat.
r lauter Aufregung hast du fast vergessen zu atmen,
fgeschlagen habe.
mich nur noch peinlich: Wenn du mich auf der Straße
n liebsten den Bart herunterreißen. Ja, die Bischofsmütze,
r Verkleidung! Aber das ist kein Grund, mich mit
Werbung dieser Getränkefirma zu verwechseln!
ben. Einerseits ehrt es mich, dass die Menschen mich
rseits stimmt es mich nachdenklich. Was fällt den
einen Namen hören?
edichte, Verkleidung. Deshalb gibt es heute auch keine
ese wichtige Mitteilung. Kaum einer versteht mehr,
reude verschenken! Und den Menschen zeigen: Ihr könnt
as machen heute die wenigsten. Oder wann hast du
acht? Erwischt! Also, wenn du „mich" oder die Leute,
n – heute irgendwo entdeckst, dann denke nicht an früher
fgesagt hast, sondern sieh sie als Erinnerung:
ich heute Freude schenken, andere zum lächeln oder
n?

Dein Nikolaus

PIZZA

7 Dezember

Wir suchen

Weihnachts Game Entwickler

Du sprühst vor Ideen? Du hast auch verrückte Ideen, kennst dich mit Weihnachten und mit Online-Games bestens aus? Dann bewirb dich bei uns! Wir suchen neue Game-Entwickler, die mit uns ein phänomenales Weihnachts-Game erfinden.

Welche Game Idee passt wohl am besten zu Weihnachten

Gib jeder Idee Punkte
(0 Punkte = dumme Idee / 10 = super Idee, passt zur Weihnachtsgeschichte!).

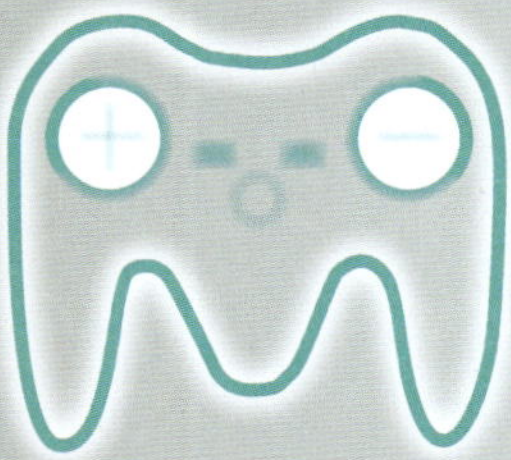

Bringe Maria und Josef sicher nach Betlehem!

Sortiere verschiedene Geschenke richtig ein!

Bringe Flüchtlinge sicher ans Ziel!

Friedensmission: Beende den Krieg in Syrien!

Um Zutaten für Christstollen zocken!

Im Villenviertel Menschen überzeugen, Kleidung für Flüchtlinge zu spenden!

Welcher Hirte hat zuerst alle Schafe gefunden?

Worum müsste es in einem „Weihnachts-Game" gehen? Was sollten Spielerinnen und Spieler machen?

8

Er schickt dir
KEINE WHATSAPP-NACHRICHT

von ihm bekommst du
KEIN GEBURTSTAGSGESCHENK

und auch KEINE WEIHNACHTSKARTE

ER FRAGT NIE: „Wie geht es dir?"

und doch weicht er keine Sekunde
VON DEINER SEITE

„Fürchte Dich nicht!“
„Fürchte Dich nicht!“

„Fürchte Dich nicht!"

sprach der Engel zu Maria, als er ihr erzählte, dass sie ein Kind bekommen wird. „Fürchte dich nicht!", sagt er auch zu dir. In welchen Momenten kannst du in diesem Dezember diesen Mut machenden Satz besonders gut gebrauchen? Schneide die Sprechblasen aus und kleb sie in dein Heft, auf die Unterlagen deines Deutschreferats, auf deine Schuhe ... auf einen Gegenstand, den du bei einer herausfordernden Situation dabei haben wirst!

Dummerweise sind Engel unsichtbar. Deshalb übersieht man sie viel zu oft. Dein Schutzengel hat wichtige Nachrichten für dich. Nur wenn du aufmerksam bist, bekommst du sie mit! Ein kleines Aufmerksamkeitstraining: Entdeckst du die Botschaft? Suche die Wörter und male sie an!

SFFAFSFAFLSAKLAKSFSAFHEYDUAS
ADASFVIELZUOFTASASDASDF

ERW*RVDSVGEWGFBEKOMMSTASRT
DUNICHTKIKSMITDASSLPSRICH

DICHSSSVORNOERUNGLÜCKBEWAHREDO
JETZTIMUNIDDEZEMBERERSIEHST

DUKKANERVIELENORTENSSDARSTELLUNGEN
YYVONMIRSIEPOPOPERINNERNKK

DICH:ASDUTTBISTIOIONIEALLEIN

9
Dezember

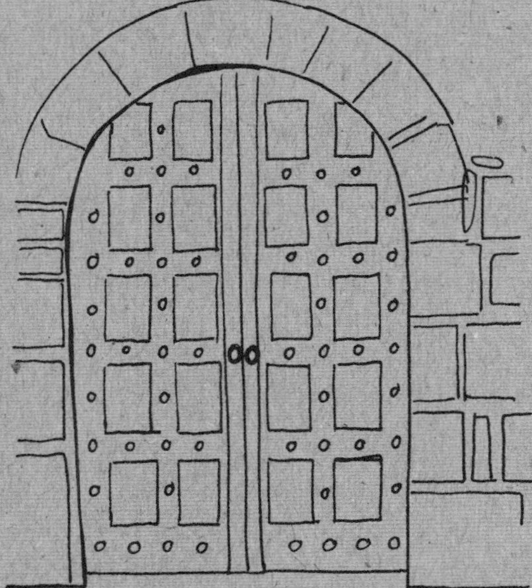

WELCHE TÜR
WÜRDEST DU
GERNE ÖFFNEN?

Eine geschlossene Tür...

... MACHT NEUGIERIG

... WIRKT ABWEISEND

... SCHREIT DANACH, GEÖFFNET ZU WERDEN!

BITTE SAUBER MACHEN!
oder BITTE NICHT STÖREN!

hängen manche Hotelgäste an ihre Zimmertüren. Hast du schon mal an einer Zimmer- oder Haustür einen Anhänger angebracht? Du kannst einen an deine oder die Tür deines Nachbarn hängen und ihn damit überraschen.

Auf unserer Welt gibt es viel zu viele geschlossene Türen. Warum setzt du nicht dagegen ein Zeichen und öffnest sie für einen Menschen, der noch nie bei dir zu Besuch war?

Leider verpasst! Als ich geklingelt habe, war niemand da: Ich wollte dir eine frohe Adventszeit wünschen. Wollen wir das Treffen nachholen?

Ich wünsche dir, dass der Advent für dich ein Türöffner ist: Mögest du viele Menschen kennenlernen, viele neue Einsichten entdecken …

Bitte stören! Misch dich mehr ein, setz dich mehr ein für Menschen, die unfair behandelt werden! Kämpf gegen Ungerechtigkeit und alle Ignoranten, denen im Advent der Weihnachtsbaum wichtiger ist als die Menschen in Not!

10 dezember

11

Dezember

Hotel Advent

Herzlich willkommen! Gönn dir bei uns ein paar Tage Auszeit bei Zimtsternen und Punsch. Lass dich neu verzaubern und entdecke, wie schön unsere Welt ist. In unserem „Zimmer des Lauschens" kannst du in dich hineinhören: Wovon träumst du? Welche Wünsche sollen in Erfüllung gehen? Abends laden wir dich auf unsere Dachterrasse ein zum Blick in die Sterne mit anschliessendem Gespräch: Was fällt dir ein, wenn du den Sternenhimmel betrachtest?

Hotelbewertung:

0 Sterne
2 Sterne ☆ ☆

5 Sterne ☆ ☆ ☆ ☆ ☆

Wie findest du dieses Hotel? Spricht dich das Angebot an? Mal die passende Anzahl Sterne aus.

KOMMENTARE VON EHEMALIGEN GÄSTEN

„Ich habe mich sehr wohl gefühlt! Ein paar stressfreie Adventstage, was will man mehr?“

„Ich komme bald wieder! Gemeinsam mit anderen Adventslieder singen – ich wusste gar nicht, wie viel Spaß das macht!“

* Preis: 0 Euro / Nacht (inkl. Frühstück, Mittag- und Abendessen)

Adven

ZEIT DE

Gott ma

g

ICH BIN

OPTI

zeit

OFF- NUNG

12 Dezember

cht alles

ut

… bist du Optimist? Nimm dir ein paar Minuten Zeit und male die Buchstaben bunt aus.

MIST

DEZEMber

13

0:00 /13:00

Hier kannst Du die Schneeflocken ergänzen

Maddi Jane

Snowflakes

SCHAU DIR AUF YOUTUBE DAS VIDEO AN. ⇨ Worauf möchte dich Maddi aufmerksam machen?

Einzigartig wie eine Schneeflocke oder ein Advents-Uniformist wie Millionen andere?
Die Advents-Uniformisten rennen, kaufen, backen, schenken, singen durch den Advent, ohne Pause ... machen alles ganz genau gleich. Bloß nicht auffallen, bloß nicht was Eigenes machen!

BERLIN: Alle hetzen durch die Einkaufszentren.

MÜNCHEN: Aus allen Radiosendern erklingt die gleiche Musik.

ZÜRICH: Doch da: Eine junge Frau verkündet: „Ich werde dieses Jahr jemand einen persönlichen Brief schenken."

UND DORT: Ein Ehepaar beschließt: „An Weihnachten öffnen wir die Türen für Obdachlose!"

UND IN DEINER NÄHE: Erzählt am ersten Schultag nach den Feiertagen ein Jugendlicher nicht von den Geschenken, die er bekommen hat, sondern welche Glücksmomente er erlebt hat!

UND DU? Tanzt du aus der Reihe oder machst du es genau gleich wie alle in Berlin, München, Zürich ...

JEDE SCHNEEFLOCKE IST EINZIGARTIG.

Es gibt keine zweite, die genau gleich ist.

TO-DO, wenn es das nächste Mal schneit:

DURCH DEN SCHNEE SPAZIEREN

Kopf nach oben drehen, die Flocken ganz genau beobachten und entdecken:

JEDE SCHNEEFLOCKE IST EINZIGARTIG.

JEDE SCHNEEFLOCKE WILL DIR ETWAS WICHTIGES SAGEN!

14.

DEZEMBER

0:00 /14:00

ADVENTSTRAINING

2 Videos, die dir helfen, Weihnachten mit Familien und Freunden konfliktfrei zu überstehen!

Was sollte man alles besser vermeiden?

Male das Bild farbig an.

Wouldn't Be A Merry Christmas

von Elizabeth Chan

Wofür lohnt es sich an den Weihnachtstagen besonders, sich Zeit zu nehmen?

One more sleep

von Leona Lewis

0:00 /14:00

Im Videoclip der amerikanischen Sängerin Elizabeth Chan geht es um das „Fest der Liebe" und doch ist es alles andere als ein fröhlicher Song. Schau dir den Clip in Ruhe an:

Wouldn't Be A Merry Christmas

von Elizabeth Chan

DIE GEHEIMNISSE DE

Wie gut kennst du die Weihnachtslieder?
Verbinde jedes Weihnachtslied mit dem richtigen Bild.

- ☆ STILLE NACHT
- ☆ OH DU FRÖHLICHE!
- ☆ ALLE JAHRE WIEDER
- ☆ OH TANNENBAUM
- ☆ ZU BETLEHEM GEBOREN
- ☆ HERBEI OH IHR GLÄUBIGEN
- ☆ SÜSSER DIE GLOCKEN NIE KLINGE

WEIHNACHTSLIEDER

TIPP: Sing dir die Lieder selber vor und schon findest du heraus, welches Bild wohin gehört! Wenn du ein Lied oder einen Text nicht kennst, kannst du sie auf YouTube anhören!

Warum X-Mas?!

„Merry X-Mas!", steht auf vielen Plakaten in den Geschäften. Es ist die Abkürzung für Happy Christmas. Das X ist ein uraltes Symbol für Jesus. Denn das X kommt aus dem Griechischen und wird dort als „Chi" ausgesprochen. Kannst du das folgende Wort lesen?

XPIΣTOΣ

*Für die Lösung bitte Buch umdrehen!

CHRISTUS*

ANSTIFTEND
respektvoll
ZIELGERICHTET
MUTIG
NICHT NACHTRAGEND
ANECKEND

16

17. dezember

So viele Lieder, so viele Filme handeln davon, dass Weihnachten im Chaos endet, für Tränen sorgt, einen Nervenzusammenbruch verursacht oder im Streit endet … Warum ist das so? Schnapp dir einen Bürolocher und loche auf der rechten Seite die sieben Ursachen, die deiner Meinung nach die Hauptauslöser sind.

Es gibt zu viele Angeber.

Vielen Menschen machen die dunklen Tage zu schaffen, deshalb werden sie schneller aggressiv.

Viele träumen von einem Fest wie in einem amerikanischen Film oder einem romantischen Weihnachtslied.

An Weihnachten verbringen die Menschen zu viel Zeit miteinander, deshalb ist die Gefahr auch größer, dass man sich in die Haare gerät.

Sie wollen das schönste und perfekteste Fest feiern, um andere damit beeindrucken zu können.

Zu viele sind heute total empfindlich und jeder braucht eine Extrawurst.

Die Menschen setzen sich gegenseitig unter Druck.

Alle träumen vom perfekten Fest.

Man sieht Verwandte wieder, die man das ganze Jahr nicht gesehen hat: Da kann es schnell zu Missverständnissen kommen.

Weihnachten ist ein kompliziertes Fest.

Jeder hat eine andere Vorstellung wie Weihnachten gefeiert werden soll.

Weihnachten ist nur einmal im Jahr, deshalb ist der Druck besonders groß.

Es gibt zu viel Eifersucht.

Die Menschen haben im Advent zu viel Stress und sind an Weihnachten total k.o. und gereizt.

DER GEHEIMTIPP: Kein Weihnachts-Perfektionist sein, sondern mitten im Unperfekten, im Chaos, im

"ES-IST-SO-WIE-ES-IST!"

die Höhepunkte entdecken! So wie die gelben Punkte haben sie die Kraft, alles Unperfekte in den Schatten zu stellen. Oder worauf hast du als erstes geblickt, nachdem du die Seite umgeblättert hast?

PLÄTZ CHEN essen MAL anders

14^{+4}. DEZEMBER

... das Plätzchen-Orakel

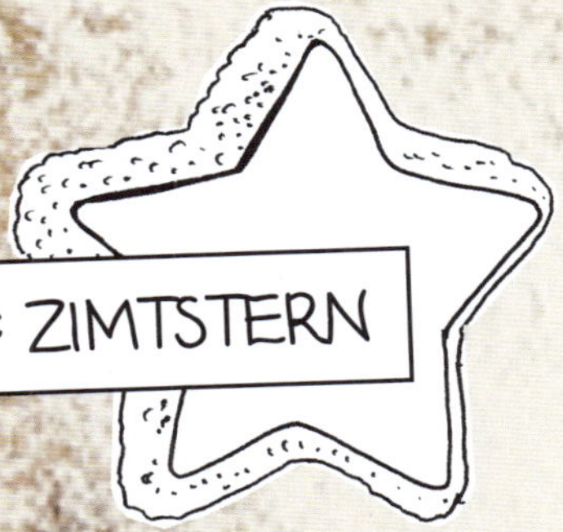

Mit: ZIMTSTERN

1) Zimtstern vor dich auf den Teller oder Tisch legen und betrachten.

2) Wie viele „Ecken" und „Kanten" hat der Zimtstern?
.... Ecken .... Kanten.

Welche „Ecken" und „Kanten" habe ich? Welche meiner Macken, welche meiner Ticks ... treiben meine Familie, meine Freunde, meine Lehrer ... zur Weissglut?

3) Zimtsterne bestehen aus 25 % Mandeln und 10 % Mehl.
Aus was „bestehst" du?
.... % Freude
.... % Wut
.... % Traurigkeit

4) Zimtstern auf die Zunge legen und bewusst genießen!

Mit: LEBKUCHENHERZ

1) Lebkuchenherz auf die Hand legen und betrachten.

2) Wo und wann sind dir im Advent Menschen mit Herz begegnet?

3) Lebkuchenherz in den Mund stecken und beim Kauen überlegen: Wann und wo hast du im Advent auf dein Herz gehört?

Mit: VANILLEKIPFERL

1) Alle Vanillekipferl betrachten: Auf den ersten Blick sehen alle gleich aus. Oder entdeckst du trotzdem Unterschiede? Welche Besonderheiten siehst du?

2) Was ist das Besondere an dir? Was macht dich besonders?

3) Nimm einen Vanillekipferl und drück ihn auf die Innenfläche deiner Hand: Wie viel Puderzucker bleibt auf deiner Haut kleben? Der Puderzucker hinterlässt Spuren, welche Spuren möchtest du hinterlassen in deiner Familie, in deiner Schule, auf der Welt …?

Mit: SPEKULATIUS

1) Nimm einen Spekulatius und brich ihn auseinander: Fällt dir das leicht? Oder braucht es etwas mehr Kraft? Wozu setzt du deine Kraft ein?

2) Und jetzt einen kleinen – wirklich nur einen klitzekleinen – Bissen nehmen: Welche Gewürze erkennst du? – Nicht herausgefunden? Okay, dann versuche es mit einem zweiten Bissen …

Welcher Plätzchen-Typ bist du?

Bitte jedes Mal das Beispiel ausmalen, das besser zu dir passt!

1a

1b

2a

2b
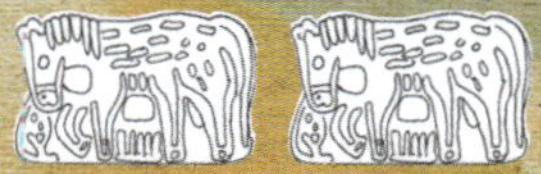

3a

3b

4a

4b

5a

5b

... die Auswertung findest du nebenan!

Dieser Plätzchen-Typ bin ich:

1a

Vielfalt macht das Leben spannend: Du liebst es, dass es eine Auswahl gibt, gehst ohne Scheuklappen durchs Leben und probierst gerne immer wieder mal etwas Neues aus ...

1b

Verschiedene Möglichkeiten überfordern dich. Du hast es lieber, wenn andere für dich auswählen. Warum?

2a

Du kannst nie genug bekommen: Rein damit, am besten alles auf einmal hinunterschlingen. Schon nach ein paar Augenblicken ist nichts mehr übrig ... Sehnsuchtsvoll betrachtest du den leeren Teller und reibst dir den Bauch. So was von vollgefressen!

2b

Du bist ein Genießer: Du freust dich über jedes einzelne Plätzchen. Warum etwas überstürzen? Du hast alle Zeit der Welt! Und die Freude und der Genuss halten viel länger an!

3a

Am besten alles jetzt sofort und so schnell wie möglich. Warten ist für dich so ziemlich das Schlimmste. Und doch ärgerst du dich oft über deine Ungeduld. Warum muss es bei dir immer so schnell gehen?

3b

Nur nichts überstürzen! Du weißt: In der Ruhe liegt die Kraft. Du lässt dir Zeit und lässt die Dinge lieber ruhiger angehen. Auch bei den Plätzchen: Du suchst dir einen ruhigen Ort, betrachtest die Plätzchen und wartest, bis du dir das erste in den Mund steckst.

4a

Ordnung ist für dich sehr wichtig: Alles soll immer genau gleich ablaufen. Überraschungen machen dich nervös. Du hast es gar nicht gerne, wenn du die Kontrolle verlierst. Aber warum?

4b

Das Leben steckt voller Überraschungen und es ist total bunt. Aber manchmal kann es einen doch überfordern: Wie schnell lässt du dich von etwas oder von jemandem ablenken und von deinem Plan abbringen?

5a

Wären doch die Menschen und die Welt auch so wie Plätzchen: Alle sehen genau gleich aus, alle verhalten sich genau gleich, alle haben die gleichen Vorlieben und Abneigungen. So wäre das Leben viel einfacher ... Aber willst du wirklich in einer solch eintönigen Welt leben?

5b

Auf den ersten Blick sehen alle Plätzchen gleich aus, auf den zweiten erkennst du: Auch sie sind einzigartig. Nimmst du dir auch bei Menschen Zeit, herauszufinden, was sie einzigartig macht?

NUR NOCH VIER TAGE

manche verlieren jetzt die Nerven ... Kleine Aufmerksamke
Einfach den Vers ausmalen. Angenehmer Nebeneffekt: D
Das Beste, was einem vier Tage vor Weihnachten passier

ung, um nicht das Wesentliche aus den Augen zu verlieren!
bung hat auch eine beruhigende Wirkung! Zur Ruhe kommen?
nn ...

19. Dezember

20. DEZEMBER

Habt ihr bei euch zuhause die Weihnachtskrippe schon aufgestellt? Dieses Jahr wird es Zeit für eine moderne Version …

Personal für die Weihnachtskrippe vor 2000 Jahren:

* Maria
* Josef
* das Jesus-Kind (mit Krippe)
* Ochs (2)
* Esel
* Schafe (5)
* Könige (3)
* Engel

PERSONAL FÜR DIE WEIHNACHTSKRIPPE VON HEUTE ...

Bettler, Millionär, Tussi oder Fitness-Junkie ... ALLE durften Jesus in der Krippe besuchen. Er verlangte keinen Eintritt, am Eingang warteten keine Türsteher, niemand wurde ausgeschlossen. Besonders jene, die im Alltag oft vor verschlossenen Türen stehen, waren willkommen. Maria und Josef freuten sich über alle, die ihr Kind mit eigenen Augen sehen und seine Geburt feiern wollten. Wer sollte alles an der Krippe Platz bekommen? Male oder schreibe in die Krippe!

21. Dezember

MEIN besonderer CHRISTBAUM schmuck

Nicht mehr lange und alle posten Fotos von ihren Weihnachtsbäumen: Manche sind total schlicht, manche von unten bis oben vollgeschmückt, manche klassisch rot, manche in bunten Farben. Und an manchen Bäumen hängen merkwürdige Dinge. Kerzen, Christbaumkugeln, Lametta – das kann jeder. Warum hängst du in diesem Jahr nicht „Worte der Hoffnung" an den Baum? Einfach ausschneiden, einen Faden durchziehen und den Baum damit dekorieren.

22. DEZEMBER

Last-Minute-Weihnachtskarte

ZUM VERSCHICKEN ODER IN DEN BRIEFKASTEN LEGEN

Nur noch 2 Tage bis Weihnachten ... Schon allen, die dir wichtig sind, eine Weihnachtskarte geschickt? Falls nicht: Mit dieser „Last-Minute-Weihnachtskarte" schaffst du es! Überlege dir möglichst viele Weihnachtswünsche für die Person und schreib sie in die Buchstaben!

BEISPIEL: F: Frieden! Freude!
Freunde, die zu dir halten!
Bleib so fröhlich wie du bist!

FROHE
Weih
NACHTEN

23
Dezember

Was ist bei einem Weihnachtsbaum wirklich wichtig:
Die Größe? Dass er total üppig dekoriert ist?
Dass die Weihnachtskugeln sehr wertvoll sind?
Dass er echt ist? Male die Weihnachtsbäume fertig …

Familie T. ließ sich wie jedes Jahr den Weihnachtsbaum von einem Forstwart liefern. Es sollte der schönste der Stadt sein! Tagelang wurde geschmückt. Die Mutter kontrollierte mit dem Massstab die Abstände zwischen den Kugeln, der Vater besorgte teure Kerzen aus Schweden. An Weihnachten war die ganze Familie total k. o. und schwieg sich an. Irgendwann sagte die Mutter: „Nächstes Jahr besser Kugeln aus Porzellan, das sieht edler aus …"

Im Obdachlosenheim von P. wurde am 24. Dezember eine kleine Topftanne aufgestellt. Jeder durfte einen persönlichen Gegenstand aufhängen: einen Schlüssel, ein Medaillon, eine Lieblings-CD, ein zerknautschtes Plüschtier. Am 24. Dezember betrachteten alle gerührt ihren gemeinsamen Baum. So einen besonderen Baum hatte niemand!

24. Dezember

Der Countdown läuft …

… ES WIRD GEPUTZT, GEKOCHT, das schönste Outfit gesucht …

… bald treffen die Gäste ein, BALD IST BESCHERUNG!

… bald läuten die GLOCKEN ZUR MITTERNACHTSMESSE

… HERZEN KLOPFEN SCHNELLER, draußen wird es still …

FRIE
kein Foul beim Fußball
Für meine
Aggro-Blic
+ entschuldigen
allen M
auf den

DEN

weniger oft mit dem Kopf durch die Wand

enschen

Welt!

Jesus kam auf die Welt, um Frieden zu bringen und die Menschen zu motivieren, sich für Frieden einzusetzen. Das ist heute wichtiger als je zuvor! Wie setzt du dich für mehr Frieden ein? Schreib direkt in den Frieden hinein!

DER 24. DEZEMBER

– ein Tag mit ganz vielen besonderen Momenten!

Male alle Sterne aus und überlege dir dabei, was den 24. Dezember von anderen Tagen unterscheidet ...

WEIHNACHTSWÜNSCHE

Der Stern von Betlehem leuchtet hell.

Ein Zeichen!

Die Heiligen Drei Könige machen sich auf den Weg ...

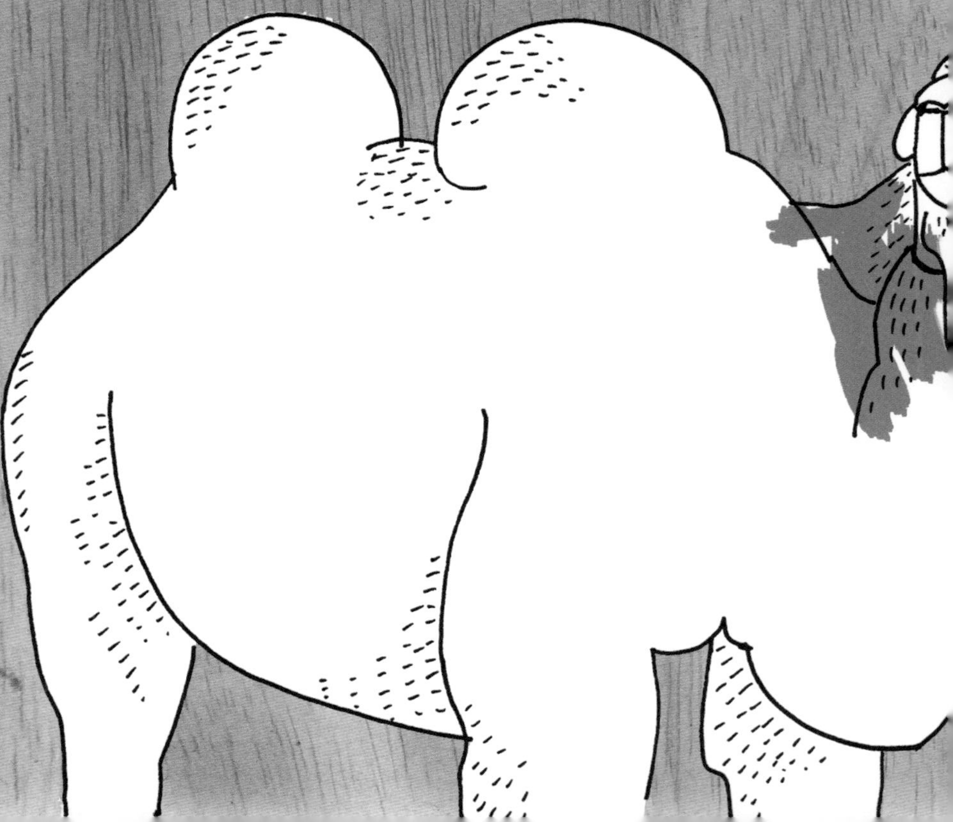

25. Dezember

... eine weite Reise liegt vor ihnen. Sie wollen auch zur Krippe nach Betlehem.
Was haben sich die Kamele wohl sonst noch überlegt, auf dem weiten Weg durch die Wüste?

So festlich fühle

26 dezember

ich mich gerade

Wähl dir ein Emoji aus, fotografiere es mit deinem Smartphone ab und zeige es online deinen Freundinnen und Freunden! Du kannst auch ein eigenes, ganz persönliches Weihnachtsemoji zeichnen und es für deine Freunde abfotografieren.

Schon wieder Weihnachten

Am besten deine Höhepunkte festhalten. Füll das Highlight-Tagebuch aus und falte es anschließend zu einem Geschenk zusammen. Bewahre das Geschenk als Erinnerung auf deinem Schreib- oder Nachttisch auf. Und wenn es dir mal überhaupt nicht gut geht, einfach Geschenk auspacken und dich an das schöne Weihnachtsfest erinnern!

ist vorbei...

ÜBER 300 TAGE BIS ZUM NÄCHSTEN ADVENT!

DARÜBER HABEN WIR GEMEINSAM GESCHMUNZELT UND GELACHT:

SO WAR WEIHNACHTEN:

MIT DIESEN MENSCHEN HABE ICH WEIHNACHTEN GEFEIERT:

DAS HAT MIR AM BESTEN GESCHMECKT:

DIESES GESCHENK
HAT MICH AM MEISTEN
GEFREUT:

DAS HAT MICH
GLÜCKLICH GEMACHT:

NACHWORT

Nur noch ein paar Tage bis zum neuen Jahr …

… was nimmst du dir vor?

… immer wieder mal ein Querkopf sein,

der unbequeme Fragen stellt,

den Dingen auf den Grund gehen,

sie von allen Seiten anschauen,

zu deiner Meinung stehen,

völlig ohne Vorurteile einlassen auf alle Menschen – auch auf die Schrägen!

keinen Stern übersehen, selbst wenn es auch nur ein ganz kleiner ist.

Sei an 365 Tagen für andere ein leuchtender Stern,

an Winter- und an Sommertagen,

auf dem Sportplatz, auf dem Schulhof und im vollbesetzten Frühzug,

mach dein Dorf, dein Land, unsere Welt ein bisschen heller.

ES KOMMT AUF
JEDES LICHT AN!

AUTOREN

STEPHAN SIGG

geboren 1983 in St. Gallen/Schweiz, Theologe, Journalist und erfolgreicher Autor von Erzählungen, Sachbüchern, Kinder- und Jugendbüchern und Hörspielen. Hält Lesungen und leitet Schreibwerkstätten für Jugendliche und Erwachsene im ganzen deutschsprachigen Raum. Kann die Advents- und Weihnachtszeit immer kaum erwarten.

ANNA-KATHARINA STAHL

geboren 1974, Studium an der Hochschule der Bildenden Künste Saar und der Akademie der Bildenden Künste München. Artdirectorin in Frankfurt am Main. Seit 2005 selbstständige Grafikdesignerin, freie Illustratorin und Künstlerin mit zahlreichen Ausstellungen.

IMPRESSUM

Texte: Stephan Sigg, St. Gallen
Illustration und Gesamtgestaltung: Anna-Katharina Stahl, Stuttgart
Druck und Bindung: Druckerei C. H. Beck, Nördlingen

ISBN 978-3-96157-012-6 (camino)
ISBN 978-3-7252-1020-6 (rex verlag)